鹿《しか》の親子。奈良《なら》公園では、
こんなほほえましい光景《こうけい》が見られる

奈良《なら》公園の四季《しき》

満開《まんかい》のサクラの下にたたずむ鹿《しか》たち

奈良《なら》公園の鹿《しか》（ニホンジカ）は、オスには角《つの》があり、メスにはない。夏毛はオス、メスともに茶褐色《ちゃかっしょく》に白い斑点《はんてん》で、着物《きもの》などに使《つか》われる「鹿《か》の子《こ》もよう」の由来《ゆらい》となっている

黄色いじゅうたんのようなイチョウの葉《は》の上でおしゃべり

奈良《なら》公園の鹿《しか》たちは野生であるため、一年を通して自分で食べ物《もの》をさがす

その昔《むかし》、奈良《なら》の都《みやこ》の守《まも》り神《がみ》である武甕槌命《たけみかつちのみこと》は、白い鹿《しか》に乗《の》ってやってきたとされる。以来《いらい》、「鹿《しか》は神《かみ》さまの使《つか》い」といわれるようになった

（鹿島立神影図《かしまだちしんえいず》／春日大社蔵《かすがたいしゃぞう》）

奈良《なら》 鹿《しか》ものがたり

中村 文人✺文　川上 悠介✺写真

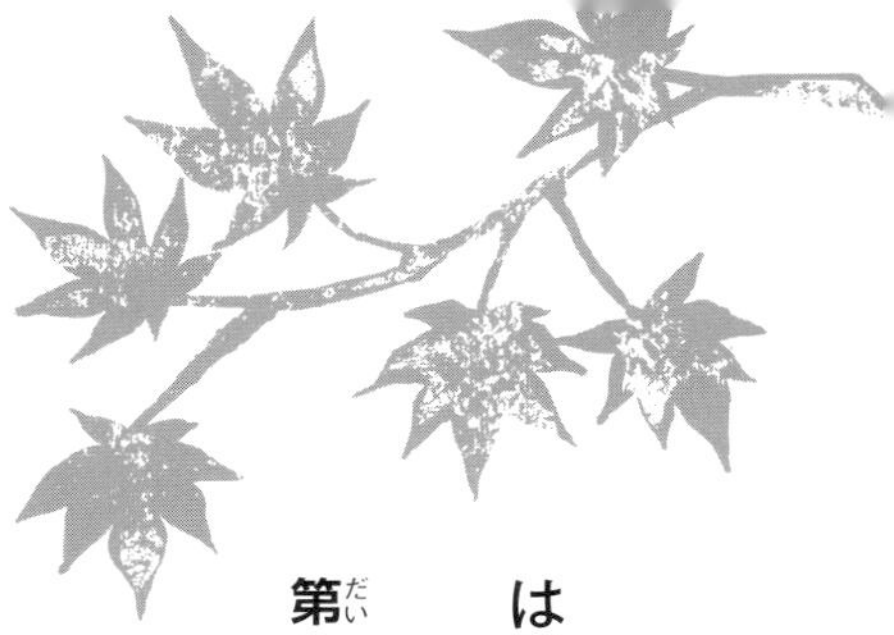

はじめに ～奈良《なら》で育《そだ》って～

まとわりつくような湿気《しっけ》と強い日ざしのてりつける八月のある日。わたしは母につれられて、国鉄《こくてつ》（いまのＪＲ《ジェイアール》）奈良駅《ならえき》にいました。

「お母さん、これからどこへいくの？」

「いいところよ。おまえのすきなものを見にいくの」

母の言葉《ことば》に、わたしの胸《むね》は高鳴りました。

（おもちゃ屋《や》さん？　きっとプラモデルだ！　やった～！）

一九六七年（昭和《しょうわ》四十二年）のことです。わたしはその時、小学三年生。父の仕事《しごと》の関係《かんけい》で、兵庫県西宮市《ひょうごけんにしのみやし》から奈良県大和郡山市《ならけんやまとこおりやまし》に引っこしてきたところでした。

母は奈良駅《ならえき》から、お土産物屋《みやげものや》さんがならぶ三条《さんじょう》通りを東に向《む》かって、どんどん歩いていきます。

そして猿沢池《さるさわいけ》を通りすぎると、広い公園のようなところにたどりつきました。

「お母さん、こんなところにおもちゃ屋《や》さん、あるの？」

「おもちゃ？　ちがう、ちがう。もっと、もっと、いいところ」

プラモデルを買ってもらえると思っていたわたしは、がっかり。でも母は、ニコニコしながらわたしの手を引いていきます。

「ほーら、ここ。奈良《なら》公園よ」

（公園？　でも、ブランコもすべり台もないし……）

わたしはうらぎられたような気分で、ふくれっ面《つら》をしてしまいました。

「ほら、向《む》こうを見てごらん」

母は指《ゆび》さします。

「向《む》こうって、なに……？　あ～」

「し、鹿《しか》！　お母さん、鹿《しか》がいる！」

わたしは母の手をはなし、かけだしていました。

テレビや動物園《どうぶつえん》でしか見たことのなかった鹿《しか》が、目の前にいます。

それが何頭も！　しかも、にげることなく、わたしのほうへ近よってくるではありませんか。

「お母さん、すごい！　なんで、こんなにたくさんいるん？」

「話すと長いからねえ。とにかく、奈良《なら》公園には鹿《しか》がいっぱいいるんよ」

母はほほえみながら、うすいせんべいのようなものを買ってきて、わたしに手わたしてくれました。

「鹿《しか》せんべいというの。これを鹿《しか》の頭の上くらいにかざしてごらん。鹿《しか》がおじぎするから。そうしたら、食べさせてあげるんよ」

母のいう通りに、わたしは鹿《しか》の頭上に、鹿《しか》せんべいをかざしてみました。

すると、わたしをとりかこんだ鹿《しか》たちは、頭をさげておじぎをします。まるであいさつするように。

鹿《しか》たちはわたしの手からせんべいをくわえとると、パリパリと音を立てて、おいしそうに平《たい》らげました。

小さいころからいつもイヌやネコがそばにいたせいか、わたしは動物《どうぶつ》が大すきでした。当時テレビで放送《ほうそう》していた、世界《せかい》の野生動物《どうぶつ》を紹介《しょうかい》する『野生の王国』という番組は、毎週食い入るように見ていたものです。

そんなわたしにとつぜんやってきた、鹿《しか》との思いがけないであい。

奈良《なら》の鹿《しか》は人をおそれることなく、真《ま》ん丸な目で見つめてきます。歩くとついてきて、さわってもにげたりはしません。

わたしはすっかり、鹿《しか》に夢中《むちゅう》になってしまったのです。

それからというもの、わたしは母にねだって、何度《なんど》も奈良《なら》公園へ鹿《しか》を見につれていってもらいました。

中学生、高校生になってからも、友だちをさそって鹿《しか》を見にいきました。

「なあ中村《なかむら》、せっかく奈良駅《ならえき》まできたんやから、早くゲームセンターいこうや」

「だーめ、先に鹿《しか》！」

「おまえなあ、先祖《せんぞ》は鹿《しか》か！」

友だちは、あきれてわらいだします。

そんな友だちをよそに、わたしは奈良《なら》公園に足を向《む》けました。

大人になって東京に住《す》むようになってからも、毎月のように奈良《なら》に帰省《きせい》しては、奈良《なら》公園にでかけました。

そして二〇一七年、わたしは二十年ぶりに、ふるさとの奈良《なら》にもどってきたのですが、引っこした二日後には、一人で奈良《なら》公園にでかけ、家族《かぞく》にあきれられる始末《しまつ》。目的《もくてき》はもちろん、鹿《しか》にあうためです。

近年、奈良《なら》には世界中《せかいじゅう》から観光客《かんこうきゃく》がおしよせ、奈良《なら》公園や、その中にある東《とう》大寺《だいじ》、春日大社《かすがたいしゃ》などは大にぎわいです。

人気の理由《りゆう》の一つとして、奈良《なら》公園に鹿《しか》がいることがあげられます。観光客《かんこうきゃく》の多くが鹿《しか》と写真《しゃしん》をとったり、鹿《しか》せんべいをあげたりと、ふれあいを楽しんでいます。

その半面《はんめん》、鹿《しか》と人間とのトラブルもふえているようです。

鹿《しか》につきとばされた、鹿《しか》にかまれた、鹿《しか》に食べ物《もの》をとられた……。それは、鹿《しか》のことをよく知らないために起《お》きてしまうトラブルのように、わたしには感《かん》じられました。

奈良《なら》公園では、たくさんの鹿《しか》たちと楽しい時間をすごすことができる

大すきな鹿《しか》たちが、悪者《わるもの》になってはこまります。

そこでわたしは、あらためて奈良《なら》の鹿《しか》について調《しら》べ、本にすることで、多くの人に鹿《しか》のことを正しく知ってもらおうと考えたのです。

取材《しゅざい》にあたっては「一般財団法人《いっぱんざいだんほうじん》　奈良《なら》の鹿愛護会《しかあいごかい》」にご協力《きょうりょく》をいただきました。

「奈良《なら》の鹿愛護会《しかあいごかい》」は、人間と鹿《しか》との共生《きょうせい》（ともに生きること）を目指《めざ》して、活動《かつどう》している団体《だんたい》です。もちろん、わたしも会員《かいいん》の一人です。

では、鹿《しか》のお話をはじめましょう。

COLUMN《コラム》❶

鹿《しか》せんべい

奈良《なら》公園にいくと、鹿《しか》せんべい屋《や》さんが点在《てんざい》しています。

目印《めじるし》は、深緑色《ふかみどりいろ》の大きなパラソルと小さなテーブル。看板《かんばん》とせんべいの箱《はこ》には「鹿《しか》せんべい」と赤字で書いてあります。

鹿《しか》せんべい屋《や》さんのまわりに、鹿《しか》が集《あつ》まっているのですぐわかります。

鹿《しか》せんべいは、1たば10枚《まい》で売られています（写真《しゃしん》右上）。材料《ざいりょう》は、米ぬかと小麦粉《こむぎこ》だけ。それに水をくわえて練《ね》って、円形にうすくのばしてやいたものです。

鹿《しか》たちの好物《こうぶつ》なので、鹿《しか》せんべいを手に持《も》っていると、鹿《しか》が何頭も集《あつ》まってきて、ねだられます。あまり長く持《も》っていると鹿《しか》がじれて、無理《むり》やりうばいとろうとすることも。鹿《しか》の頭上にせんべいをかざすと、頭を上下に動《うご》かしておじぎをするので、すぐにあげましょう。

せんべいのはしを持《も》ってさしだすと、鹿《しか》はじょうずにくわえていきます。鹿《しか》には上の前歯《まえば》はなく、指《ゆび》をはさまれてもいたくないので、あわてないでください。

鹿《しか》せんべいの売りあげの一部《ぶ》は、「奈良《なら》の鹿愛護会《しかあいごかい》」に寄付《きふ》されます。

鹿《しか》せんべいをもらおうと、鹿《しか》たちが集《あつ》まってくる

第《だい》1章《しょう》

鹿《しか》は神《かみ》さまの使《つか》い

❖その昔《むかし》、奈良《なら》は日本の中心だった

奈良県《ならけん》は、近畿地方《きんきちほう》の中南部《ちゅうなんぶ》にある県《けん》です。山にかこまれていて、海に面《めん》していない、いわゆる「海なし県《けん》」です。

緑《みどり》ゆたかな美《うつく》しい街《まち》が多いのですが、盆地《ぼんち》のため夏はむし暑《あつ》く、冬はとてもひえこみます。

※人口はおよそ百三十五万人で、四十七ある都道府県《とどうふけん》の中で三十番目です。しかし、はるか昔《むかし》、いまから千年以上《いじょう》前になりますが、日本の中心は東京でも京《きょう》

※総務省統計局《そうむしょうとうけいきょく》「2017年の都道府県別《とどうふけんべつ》人口」より

都《と》でもなく、奈良《なら》でした。

飛鳥時代《あすかじだい》と奈良時代《ならじだい》、日本の都《みやこ》は奈良《なら》におかれていたのです。

いまでも奈良《なら》には、当時の都《みやこ》のあとや遺跡《いせき》、古い寺院《じいん》などがあちこちにあります。

おもしろいことに、奈良《なら》に住《す》んでいる人にとってはそれがあたり前すぎて、あまり関心《かんしん》をしめしません。ところがほかの地域《ちいき》に住《す》んでいる人が奈良《なら》にやってくると、そのすごさにびっくり。めずらしくて写真《しゃしん》をとりまくります。

見どころがたくさんある奈良県《ならけん》ですが、中でも観光地《かんこうち》としてにぎわうのは県《けん》庁所在地《ちょうしょざいち》の奈良市《ならし》です。じつは、鹿《しか》のいる奈良《なら》公園は、奈良県庁《ならけんちょう》の目の前にあるのです。

奈良市《ならし》をおとずれる観光客《かんこうきゃく》は、年間約《やく》千五百万人です。奈良県全体《ならけんぜんたい》の人口の十倍以上《ばいいじょう》の人たちが、日本各地《かくち》から、そして世界各地《せかいかくち》から奈良市《ならし》にやってくるというのですから、本当におどろきです。

❖奈良《なら》公園の鹿《しか》は野生動物《どうぶつ》

奈良《なら》公園の総面積《そうめんせき》は、約《やく》五百ヘクタール。とても大きな公園です。東京ドームなら、約《やく》百個分《こぶん》。東京ディズニーランドでも、約《やく》十個分《こぶん》になります。公園といっても、遊具《ゆうぐ》などはありません。芝生《しばふ》におおわれ、たくさんの木が立ちならび、奥《おく》には、人の手がほとんどくわえられていない原始林《げんしりん》が広がる、自然《しぜん》ゆたかな公園なのです。

その広い公園に、約《やく》千三百頭の鹿《しか》がくらしています。奈良《なら》の鹿《しか》たちは、国の天然記念物《てんねんきねんぶつ》に指定《してい》されています。

鹿《しか》たちは、自由《じゆう》に公園の中を歩き回っています。また、時には公園をでて、奈良《なら》の街《まち》の中を歩き回ります。

そう、奈良《なら》公園の鹿《しか》は、人にかわれていない、野生の動物《どうぶつ》なのです。

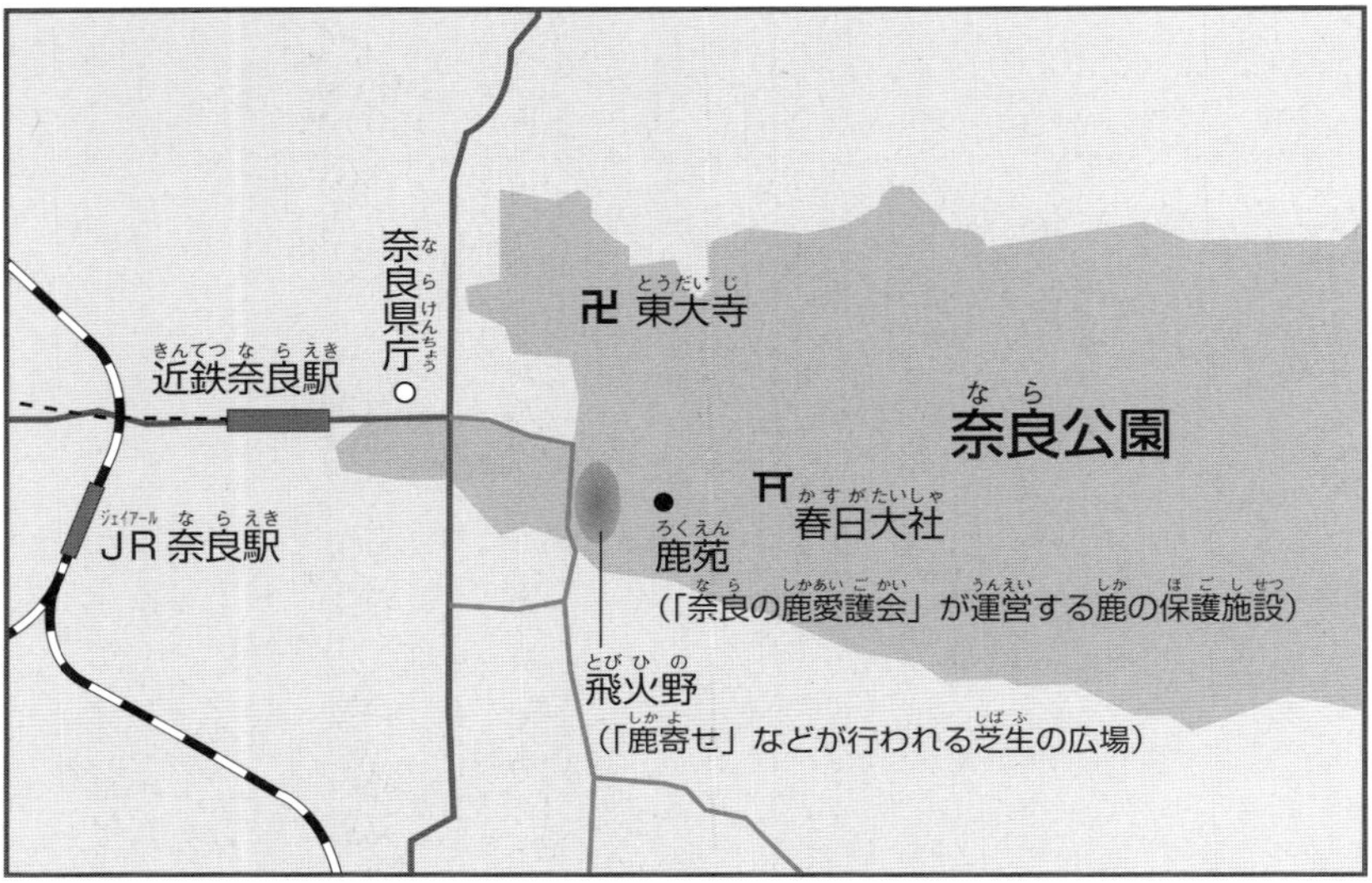

●国の天然記念物《てんねんきねんぶつ》「奈良《なら》の鹿《しか》」（ニホンジカ）について

・主食《しゅしょく》は奈良《なら》公園に自生する芝《しば》、ササ、木《こ》の葉《は》、ドングリなど
・秋（9～11月）に繁殖期《はんしょくき》をむかえ、メス鹿《じか》は春（5～7月）に出産《しゅっさん》する

メス

鼻先《はなさき》から尾《お》までの長さ：約《やく》135センチメートル
体重《たいじゅう》：約《やく》45キログラム
寿命《じゅみょう》：約《やく》20才
特徴《とくちょう》：角《つの》がない
夏毛は茶褐色《ちゃかっしょく》に白い斑点《はんてん》
冬毛は灰褐色《はいかっしょく》

オス

鼻先《はなさき》から尾《お》までの長さ：約《やく》150センチメートル
体重《たいじゅう》：約《やく》80キログラム
寿命《じゅみょう》：約《やく》15才
特徴《とくちょう》：角《つの》がある
夏毛は茶褐色《ちゃかっしょく》に白い斑点《はんてん》
冬毛は濃《こ》い茶色

（奈良《なら》の鹿愛護会《しかあいごかい》ホームページより）

野生と聞くと、びっくりしますよね。動物園《どうぶつえん》などでは、野生動物《どうぶつ》は柵《さく》やオリの中に入れられています。

ところが奈良《なら》公園の鹿《しか》は、柵《さく》やオリにへだてられることなく、間近に見ることができますし、自分の手で鹿《しか》せんべいを食べさせることもできるのです。

ペットのイヌやネコのように、いっしょに散歩《さんぽ》したり遊《あそ》んだりすることはできませんが、観光客《かんこうきゃく》の中をゆうぜんと歩いたり、鹿《しか》せんべいをねだったりするすがたは、野生動物《どうぶつ》とは思えないほど親しみを感《かん》じます。

街中《まちなか》で野生動物《どうぶつ》とふれあえる。こんな都市《とし》は、世界《せかい》でもめずらしいのです。

では、なぜ「千三百頭もの鹿《しか》が奈良《なら》公園にいる」という現在《げんざい》の状態《じょうたい》が、あたり前になったのでしょうか。

少し歴史《れきし》をふりかえってみましょう。

❖茨城県《いばらきけん》の鹿島神宮《かしまじんぐう》からやってきた

奈良《なら》の人々は、「鹿《しか》は神《かみ》さまの使《つか》い」といいます。わたしも子どものころから「奈良《なら》の鹿《しか》は神《かみ》さまのお使《つか》いやから、絶対《ぜったい》にいじめたりしたらあかんで」といわれて育《そだ》ってきました。

それは、つぎのようないいつたえがあるからなのです。

いまから千三百年ほど前のこと。奈良《なら》の平城京《へいじょうきょう》に都《みやこ》がうつされた時、当時の権力者《けんりょくしゃ》であった藤原氏《ふじわらし》は、都《みやこ》に平和《へいわ》がつづくようにとねがい、代々《だいだい》うやまってきた武甕槌命《たけみかづちのみこと》という神《かみ》さまを、都《みやこ》の守《まも》り神《がみ》としておまつりすることにしました。武甕槌命《たけみかづちのみこと》は、いまの茨城県《いばらきけん》の鹿島神宮《かしまじんぐう》から、はるばる奈良《なら》まで、白い鹿《しか》に乗《の》ってきたといわれています。そうして現在《げんざい》の奈良《なら》公園内にある春日《かすが》の御蓋山《みかさやま》におり立ちました。その場所《ばしょ》に、春日大社《かすがたいしゃ》がつくられたのだそうです。

そのため、鹿《しか》は「神《かみ》さまの使《つか》い」とあがめられるようになりました。

都《みやこ》が京都《きょうと》にうつされた平安時代《へいあんじだい》にも、藤原氏《ふじわらし》の貴族《きぞく》たちは、春日大社《かすがたいしゃ》にしばしばおまいりにきたそうです。

古い書物《しょもつ》には、つぎのような一節《せつ》がのこされています。※

ある時、貴族《きぞく》が牛車《ぎっしゃ》に乗《の》って春日大社《かすがたいしゃ》の参道《さんどう》を進《すす》んでいると、鹿《しか》とであいました。

するとその貴族《きぞく》はわざわざ牛車《ぎっしゃ》からおりて、鹿《しか》におじぎをしました。

「なんとうれしいことだろうか。きっと、よいことがあるにちがいない」

と、とてもよろこびました。

❖鹿《しか》をころすと死刑《しけい》？

鎌倉時代《かまくらじだい》から江戸時代《えどじだい》にかけては、鹿《しか》を「神《かみ》さまの使《つか》い」として大切にするあまり、鹿《しか》に危害《きがい》をくわえた者《もの》は、重《おも》い罪《つみ》に問《と》われました。

※平安時代《へいあんじだい》に書かれた藤原宗忠《ふじわらのむねただ》の日記『中右記《ちゅうゆうき》』より

ある悲《かな》しい話がのこっています。

三作《さんさく》という少年が習字《しゅうじ》を練習《れんしゅう》していると、まよいこんできた鹿《しか》が、半紙を食べようとしました。

三作《さんさく》が追《お》いはらおうとして文鎮《ぶんちん》を投《な》げつけたところ、鹿《しか》のひたいにあたり、運悪《うんわる》く鹿《しか》は死《し》んでしまいました。

鹿《しか》をころしてしまった三作《さんさく》は、罰《ばつ》として、鹿《しか》の死体《したい》とともに生きうめになるという刑《けい》を受《う》けたというのです。


この話が、本当かどうかはわかりません。しかし、いまでも奈良《なら》公園の興福寺《こうふくじ》の近くに「傳説三《でんせつさん》作石子詰之旧跡《さくいしこづめのきゅうせき》」と書かれた柱《はしら》が立っています。

悲話《ひわ》をつたえる「傳説三作石子詰之旧跡《でんせつさんさくいしこづめのきゅうせき》」

また古典落語《こてんらくご》には「鹿政談《しかせいだん》」という演目《えんもく》があります。上方落語《かみがたらくご》で名人といわれた三代目《だいめ》桂米朝《かつらべいちょう》さんが得意《とくい》とした演目《えんもく》です。

こちらは、鹿《しか》をあやまってころしてしまった老人《ろうじん》が、奈良奉行《ならぶぎょう》の名さばきで無罪《むざい》になるという落語《らくご》です。

こうした文献《ぶんけん》や落語《らくご》の演目《えんもく》でわかるように、奈良《なら》の鹿《しか》は長いあいだ、人々から大切にされながら、ともにくらしてきたのでした。

コラム COLUMN❷

奈良《なら》の人は早起《はやお》き？

昔《むかし》から「奈良《なら》の人は早起《はやお》き」といわれていました。

その理由《りゆう》は、鹿《しか》にあるそうです。

江戸時代《えどじだい》は、鹿《しか》をきずつけたり、死《し》なせたりすると重《おも》い罪《つみ》に問《と》われました。故意《こい》に死《し》なせたのではなくても、鹿《しか》の死《し》に関係《かんけい》があるというだけで罰《ばっ》せられたそうです。

ですから、奈良《なら》の人は朝早く起《お》きて、家の前で鹿《しか》が死《し》んだりしていないかを確認《かくにん》したというのです。

古典落語《こてんらくご》の「鹿政談《しかせいだん》」にも、朝起《お》きて鹿《しか》が家の前で死《し》んでいたので、あわてててとなりの家の前に運《はこ》んだという場面《ばめん》がでてきます。これでは、ゆっくりねていられませんね。

「鹿政談《しかせいだん》」は明治時代初期《めいじじだいしょき》には演《えん》じられていたので、演目《えんもく》の内容《ないよう》を多くの人が知るにつれて「奈良《なら》の人は早起《はやお》き」という話が定着《ていちゃく》したのかもしれません。

イラスト／すみもとななみ

第《だい》2章《しょう》

鹿《しか》と人との共生《きょうせい》をねがって

❖「奈良《なら》の鹿愛護会《しかあいごかい》」のこと

さて、奈良《なら》の鹿《しか》が人々とともに生きてきた歴史《れきし》をふりかえったところで、「奈良《なら》の鹿愛護会《しかあいごかい》」（以下《いか》、愛護会《あいごかい》）について説明《せつめい》しましょう。

愛護会《あいごかい》が設立《せつりつ》されたのは、一九三四年（昭和《しょうわ》九年）のことです。

やがて第二次世界大戦《だいじせかいたいせん》がはじまり、戦争《せんそう》の混乱《こんらん》と食糧不足《しょくりょうぶそく》の中で、九百頭ほどいた奈良《なら》の鹿《しか》はわずか七十数頭にまでへっていきました。

戦後《せんご》、愛護会《あいごかい》の人たちは、ケガをした鹿《しか》や病気《びょうき》の鹿《しか》を保護《ほご》して治療《ちりょう》し、多くの人に鹿《しか》がいかに大切な存在《そんざい》であるかを理解《りかい》してもらう活動《かつどう》を、地道につづけました。

そのかいがあって、鹿《しか》の数は少しずつ回復《かいふく》しました。愛護会《あいごかい》では毎年、鹿《しか》の頭数を調《しら》べてホームページで公開《こうかい》していますが、近年では約《やく》千頭から千三百頭で安定《あんてい》しています。

いまでは修学旅行生《しゅうがくりょこうせい》や観光客《かんこうきゃく》が大勢《おおぜい》おとずれるようになり、奈良《なら》の鹿《しか》は全国《ぜんこく》の人から親しまれるようになりました。

現在《げんざい》のように、奈良《なら》公園で鹿《しか》と楽しい時間がすごせるのは、鹿《しか》を見守《みまも》りつづけている愛護会《あいごかい》のおかげともいえるのです。

わたしはその活動《かつどう》をもっとくわしく知りたくて、愛護会《あいごかい》に連絡《れんらく》をして事務局《じむきょく》をたずねることにしました。

奈良《なら》公園の中に、愛護会《あいごかい》が管理《かんり》している鹿《しか》の保護施設《ほごしせつ》「鹿苑《ろくえん》」があります。

春日大社《かすがたいしゃ》に向《む》かう参道《さんどう》の途中《とちゅう》から右におれて小道に入り、しばらく歩くと、柵《さく》にかこまれた「鹿苑《ろくえん》」が見えてきます。

ここでは、愛護会《あいごかい》が保護《ほご》している、ケガをした鹿《しか》や病気《びょうき》にかかった鹿《しか》などがくらしています。

また、季節《きせつ》ごとに行うイベント用のスペースもあります。

鹿《しか》についての資料《しりょう》も展示《てんじ》されており、無料《むりょう》で見学できるようになっています。

鹿苑《ろくえん》の一角に、愛護会《あいごかい》の事務局《じむきょく》の建物《たてもの》がありました。

受付《うけつけ》で名前を申《もう》しでると、一人の男

鹿苑《ろくえん》の一角にある愛護会《あいごかい》の事務局《じむきょく》

の人が笑顔《えがお》であらわれました。

職員《しょくいん》の石川周《いしかわしゅう》さんです。

❖鹿苑《ろくえん》にいる鹿《しか》たちのこと

石川《いしかわ》さんは、愛護会《あいごかい》ではたらくようになって二十年。後輩《こうはい》たちを指導《しどう》する立場にある、ベテラン職員《しょくいん》です。

愛護会《あいごかい》の職員《しょくいん》は、現在《げんざい》、石川《いしかわ》さんをふくめ十一人います。職員《しょくいん》の中には獣医《じゅうい》さんもいます。

さっそく石川《いしかわ》さんに、お話をうかがってみました。

「愛護会《あいごかい》では、主《おも》にどのようなことをしているのでしょうか？」

「まず、鹿《しか》の保護《ほご》や治療《ちりょう》ですね。『ケガをした鹿《しか》がいる』とか、『鹿《しか》が交通事故《じこ》にあった』などの通報《つうほう》を受《う》けたらすぐに対応《たいおう》できるように、二十四時間体制《たいせい》で職員《しょくいん》が待機《たいき》しています」

愛護会《あいごかい》のホームページのトップにも、「緊急連絡先《きんきゅうれんらくさき》」として電話番号《ばんごう》がのっています。

「通報《つうほう》は、どのくらいの件数《けんすう》なのでしょうか」

「ちょっとしたものから深刻《しんこく》なものまで、一年に六百件《けん》から七百件《けん》ほどあります。多い日は、一日に何件《なんけん》も重《かさ》なることがあります」

愛護会《あいごかい》では通報《つうほう》を受《う》けると、数人の職員《しょくいん》が現場《げんば》にいって、状況《じょうきょう》を確認《かくにん》します。ケガをしている場合

愛護会《あいごかい》のベテラン職員《しょくいん》、石川周《いしかわしゅう》さん

は、必要《ひつよう》があれば麻酔《ますい》を打《う》って鹿苑《ろくえん》に収容《しゅうよう》し、治療《ちりょう》をするのだそうです。

ケガの状態《じょうたい》にもよりますが、治療《ちりょう》にかかる期間《きかん》は二カ月から半年ほど。ケガがなおった鹿《しか》は、奈良《なら》公園へもどされます。

「でも、何度《なんど》もくりかえし収容《しゅうよう》される鹿《しか》もいるんですよ」

石川《いしかわ》さんの言葉《ことば》に、わたしは首をかしげました。

「それは、どのような鹿《しか》なんですか？」

石川《いしかわ》さんによると、鹿《しか》たちは一日の生活サイクルがほぼ決《き》まっていて、朝は日の出とともにエサ場へ移動《いどう》し、エサを食べたら休み場に移動《いどう》して、夕方になるとねぐらへ帰るのだそうです。エサ場や休み場としている場所《ばしょ》も、だいたい決《き》まっています。

「鹿《しか》たちが移動《いどう》するルートの途中《とちゅう》に道路《どうろ》があり、毎日そこをわたるので、交通事故《じこ》にあいやすいんです。中でも経験《けいけん》のあさい、わかい鹿《しか》は、車にぶつかりやすいんですよ。通報《つうほう》を受《う》けていってみたら『また、おまえか』なんていうこと

鹿苑《ろくえん》でくらす、片方《かたほう》のうしろ足を失《うしな》った鹿《しか》

もあります」

「なるほど。そういうことだったんですね」

わたしは胸《むね》がいたみました。

ざんねんながら、年間八十頭から九十頭ほどが、交通事故《じこ》で死《し》んでしまうのだそうです。事故《じこ》で足が不自由《ふじゆう》になってしまって、奈良《なら》公園にもどすことができず、ずっと鹿苑《ろくえん》でくらしている鹿《しか》もいます。

愛護会《あいごかい》では、交通事故《じこ》をふせぐために、道路《どうろ》に「鹿《しか》の飛《と》び出し注意《ちゅうい》」の看板《かんばん》を設置《せっち》したり、交通安全《あんぜん》のキャンペーンをしたりしています。

「人間とのトラブルをふせぐために、ほかにはどのようなことをされていますか？」

わたしの質問《しつもん》に対《たい》して、石川《いしかわ》さんはいくつかのとり組みを教えてくれました。

まずは、秋になると行われる、オス鹿《じか》の角《つの》切りです。

「オス鹿《じか》は秋に発情《はつじょう》して気があらくなりますので、鹿同士《しかどうし》がケンカしてケガをしたり、人間に危害《きがい》がおよんだりしないように、すべてのオスの角《つの》を切り落《お》とします」

これは「鹿《しか》の角《つの》きり」という伝統行事《でんとうぎょうじ》として行われています。江戸時代《えどじだい》からつづく伝統行事《でんとうぎょうじ》で、現在《げんざい》は愛護会《あいごかい》が主催《しゅさい》しています。

「とても見ごたえがありますので、ぜひ見にきていただきたいです」

また、春には妊娠《にんしん》しているメスの鹿《しか》を鹿苑《ろくえん》に収容《しゅうよう》するのだそうです。人間とのトラブルをふせぐために、鹿苑《ろくえん》の中で出産《しゅっさん》させて、子鹿《こじか》がある程度《ていど》まで成長《せいちょう》してからもどすようにしているのです。

「子鹿《こじか》はかわいいですよね！」

「はい。とってもかわいいですよ。毎年六月には、鹿苑《ろくえん》で子鹿《こじか》の公開《こうかい》をしています。こちらもぜひ、たくさんの方にきていただき、鹿《しか》たちとふれあってもらえたらとねがっています」

わたしは、石川《いしかわ》さんのお話を聞いて、鹿《しか》について知らなかったことがたくさんあると気づかされました。

そして、近々、「鹿《しか》の角《つの》きり」が行われると聞いて、いってみることにしたのです。

COLUMN《コラム》❸

めったに見られない緑《みどり》の車

奈良《なら》公園の中には、観光客《かんこうきゃく》が歩く遊歩道《ゆうほどう》があります。ここは車の乗《の》り入れができないのですが、ごくまれに、緑色《みどりいろ》の小型《こがた》トラックがとまっていることがあります。

車体には「DEER RESCUE《ディアレスキュー》」（鹿《しか》の救助《きゅうじょ》）という文字が入っています。これは愛護会《あいごかい》の車なのです。ケガをしていたり、病気《びょうき》になっている鹿《しか》を保護《ほご》して、鹿苑《ろくえん》に運《はこ》ぶために使《つか》います。

観光客《かんこうきゃく》のじゃまにならないよう、鹿《しか》の救出《きゅうしゅつ》や作業《さぎょう》が終《お》わるとすぐに移動《いどう》してしまうので、めったにお目にかかれないといってもいいでしょう。

第《だい》3章《しょう》

秋、鹿《しか》の角《つの》きり

❖全速力《ぜんそくりょく》でにげ回る鹿《しか》

まだ残暑《ざんしょ》がきびしい二〇一七年十月九日、わたしは鹿苑《ろくえん》をおとずれました。角《つの》きりの会場は、五百人ほどの観客《かんきゃく》でにぎわっていました。

角《つの》きりは毎年この時期《じき》に、三日間、開催《かいさい》されます。一日に五回の角《つの》きりが行われるそうです。

《さあ、これから鹿《しか》の角《つの》きりがはじまります。まずは勢子《せこ》たちの入場です》

実況放送《じっきょうほうそう》の声に、観客《かんきゃく》から大きな拍手《はくしゅ》が起《お》こります。

「待《ま》ってたで〜」

「がんばってや〜」

観客《かんきゃく》から応援《おうえん》の声がとびます。

たて八十メートル、横《よこ》三十メートルもある、だ円形の「角《つの》きり場」に「勢《せ》子《こ》」とよばれる、鹿《しか》をつかまえる役《やく》の男の人たち十五人が入場してきました。はっぴすがたで、頭にハチマキをきりりとまいています。

その中に、石川《いしかわ》さんもいました。

《さあ、三頭のオス鹿《じか》も入ってきましたね。これから、鹿《しか》と人間との真剣勝負《しんけんしょうぶ》です！》

マイクの声と同時に、大きな角《つの》を持《も》ったオス鹿《じか》が、角《つの》きり場に走りこんできました。

鹿《しか》たちはたくさんの観客《かんきゃく》を前に、かなりこうふんしているようです。

スペインの闘牛《とうぎゅう》にでてくるオス牛のように、前足で土をほりかえす鹿《しか》もいれ

りっぱな角《つの》を持《も》つオス鹿《じか》たちが、角《つの》きり場に走りこんできた！

ば、角《つの》をふりながら走り回る鹿《しか》もいます。

ドン、ドン、ドーン

大きな太鼓《たいこ》の音を合図に、勢子《せこ》たちが鹿《しか》のあとを追《お》います。

おどろいた鹿《しか》たちは、全速力《ぜんそくりょく》でにげます。

勢子《せこ》たちは、角《つの》きり場のかべから数メートルのあたりで、赤い旗《はた》を持《も》って一列《れつ》にならび、鹿《しか》の通り道をつくります。

ド、ドドド!

こうふんした鹿《しか》は、ものすごいスピードで、勢子《せこ》たちがつくった道を走りぬけます。一方、勢子《せこ》のうち数人は、竹でできた「十字《じゅうじ》」という道具《どうぐ》を手にして、つかまえるタイミングを見計らいます。

十字《じゅうじ》には縄《なわ》がついています。十字《じゅうじ》になっている部分《ぶぶん》を鹿《しか》の角《つの》に引っかけて、縄《なわ》で大きな鹿《しか》を引きよせるのです。

「それ!」

勢子《せこ》たちは走る鹿《しか》の角《つの》に向《む》けて、十字《じゅうじ》を投《な》げつけます。

カシャッ

十字《じゅうじ》が鹿《しか》の角《つの》にあたりました。しかし……。

《おーっと、一投目《とうめ》は、鹿《しか》にみごとにかわされました～。鹿《しか》もさるもの、うまく十字《じゅうじ》をよけています！》

放送《ほうそう》の声に観客《かんきゃく》がどっとわらいます。

鹿《しか》は角《つの》きり場の中を、何周《なんしゅう》も走りつづけます。あまりのスピードに観客《かんきゃく》は息《いき》をのむばかりです。その時、

カシーン！

勢子《せこ》の投《な》げた十字《じゅうじ》が、鹿《しか》の角《つの》にかかりました！と同時に、勢子《せこ》たちが縄《なわ》を引っぱりはじめます。

十字《じゅうじ》を手にした勢子《せこ》（写真中央《しゃしんちゅうおう》）

引っぱる勢子《せこ》と、ふんばる鹿《しか》との力くらべ

「よっしゃ！」

「それ、いまや！」

《さあ、さあ、これからが鹿《しか》と人との綱引《つなひ》きです。鹿《しか》をきずつけないよう、ゆっくりと引きよせましょう》

鹿《しか》は負《ま》けまいと頭をさげ、ふんばります。勢子《せこ》たちも顔を真《ま》っ赤にして引っぱりますが、ふんばる鹿《しか》をなかなか引きよせられません。

観客《かんきゃく》たちは、その真剣《しんけん》なようすをかたずをのんで見守《みまも》ります。

ゆっくり、ゆっくり、勢子《せこ》たちが縄《なわ》をたぐりよせ、鹿《しか》の力が弱まった一瞬《いっしゅん》のすきに、一人が大きな角《つの》を素手《すで》でつかみます。

そして三人がかりで、すばやく鹿《しか》をとりおさえました。

「やった〜」

「ひゃー、これはすごい迫力《はくりょく》や！」

観客席《かんきゃくせき》に、歓声《かんせい》とわれんばかりの拍手《はくしゅ》が起《お》こりました。

❖鹿《しか》の角《つの》は人間のツメと同じ

《さあ、いよいよこれから、角《つの》を切っていきます》

鹿《しか》はゴザの上にねかされ、頭の下に小さなまくらをしいてもらいます。

鹿《しか》のこうふんをおさえるため、烏帽《えぼ》子《し》をつけた神官役《しんかんやく》が、水《みず》さしで水を飲《の》ませます。

鹿《しか》は神《かみ》さまの使《つか》いですので、とにかくていねいにあつかわれるのです。

神官役《しんかんやく》は、ノコギリを手にすると、鹿《しか》の角《つの》を、根元《ねもと》からあっという間に切

オス鹿《じか》の角《つの》をすばやくノコギリで切り落《お》とす

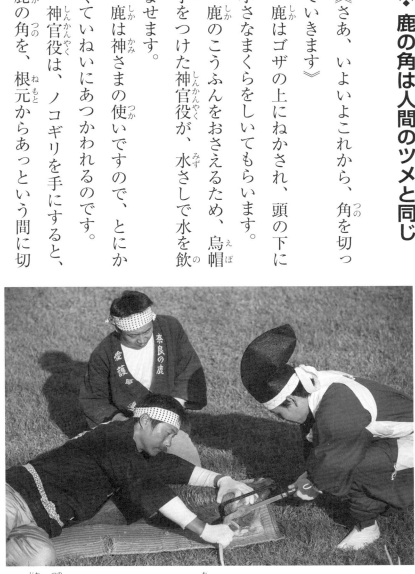

り落《お》としました。

そして切り落《お》とした二本の鹿《しか》の角《つの》を、頭上に高々とかかげて、観客《かんきゃく》に見せてくれます。

観客席《かんきゃくせき》からは、大きな拍手《はくしゅ》が起《お》きます。

《鹿《しか》の角《つの》は、人間でいうツメのようなもので、切ってもいたくはありません。どうぞご安心《あんしん》ください！》

放送《ほうそう》の声に、観客席《かんきゃくせき》からわらい声が起《お》こります。

そうして二頭目、三頭目と鹿《しか》がつかまえられ、手ぎわよく角《つの》が切り落《お》とされていきました。

頭が軽《かる》くなったオス鹿《じか》たちは、ぼうぜんとした表情《ひょうじょう》のまま、角《つの》きり場をでていきます。

《鹿《しか》の角《つの》きり、第《だい》一部《ぶ》はこれにて終了《しゅうりょう》です。勢子《せこ》たちに大きな拍手《はくしゅ》をおねがいします》

神官役《しんかんやく》が切り落《お》とした角《つの》をかかげる。勢子《せこ》たちのいさましいすがたに、観客《かんきゃく》からおしみない拍手《はくしゅ》がおくられた

「よかったで〜」

観客《かんきゃく》の大きな拍手《はくしゅ》に、勢子《せこ》たちは笑顔《えがお》で手をふりながら、角《つの》きり場をあとにします。

（かっこいいなぁ）

わたしも手がいたくなるまで拍手《はくしゅ》をしました。

勢子《せこ》を見送《みおく》っていると、その中に石川《いしかわ》さんを見つけました。

わたしは急《いそ》いで追《お》いかけました。

「石川《いしかわ》さん、こんにちは！」

「ああ、中村《なかむら》さん。きてくださったんですね」

石川《いしかわ》さんは軽《かる》くおじぎをしてくれました。

「角《つの》きりについて、少しお話を聞いてもいいですか？」

「つぎの角《つの》きりまで、まだ時間がありますから、いいですよ」

石川《いしかわ》さんはあせをふきながら、こころよく対応《たいおう》してくれました。

❖ケガをふせぐため

わたしは、先ほど角《つの》きりを見ている時に、近くにいた観光客《かんこうきゃく》が話していたことが気になっていました。

観光客《かんこうきゃく》は、「鹿《しか》をつかまえて角《つの》を切るのは、かわいそうじゃないかしら」と、いっていたのです。

思いきって石川《いしかわ》さんにたずねてみました。

「角《つの》きりを見て、鹿《しか》がかわいそうだという人はいませんか？」

石川《いしかわ》さんは、うなずきながら答えてくれました。

「そうですね。そういう声を聞くこともあります。ですから、ホームページやパンフレットで、角《つの》きりの目的《もくてき》や歴史《れきし》をきちんと説明《せつめい》するようにしているんですよ」

オス鹿《じか》の角《つの》は、毎年四月ごろに生《は》えはじめ、九月から十一月にもっとも長く、りっぱになります。秋の繁殖期《はんしょくき》に、メス鹿《じか》へのアピールや、なわばりあらそいの武器《ぶき》として使《つか》われるのです。

二月から三月ごろには自然《しぜん》に落《お》ち、また新しい角《つの》が生《は》えてきます。

「角《つの》をそのままにしておくと、繁殖《はんしょく》シーズンにオス同士《どうし》がケンカをして大ケガをすることがありますし、人間にケガをさせてしまう危険《きけん》があります。だから、秋のうちに切り落《お》とすのです」

たしかに、秋になると公園内で角《つの》がのびたオス鹿《じか》を多く見かけます。べつのオスが近づくと追《お》いはらおうとし、時には頭つきで攻撃《こうげき》します。

「それに、繁殖期《はんしょくき》が近づくと、鹿《しか》は角《つの》を木にこすりつけて、するどくとがらせる習性《しゅうせい》があるんです。その角《つの》でケンカをすると、おたがい、命《いのち》にかかわるようなケガを負《お》うこともあります。そういったケガや事故《じこ》をふせぐ意味《いみ》で、角《つの》きりは欠《か》かせないのです」

愛護会《あいごかい》では、「鹿《しか》の角《つの》きり」で角《つの》を切られる鹿以外《しかいがい》の、すべてのオス鹿《じか》の角《つの》

秋の繁殖期《はんしょくき》をむかえたオス鹿《じか》の角《つの》は、先がするどくとがっている。カラー口絵2ページ目の夏のオス鹿《じか》とくらべてみよう

を切ります。

「角《つの》には血管《けっかん》も神経《しんけい》も通っていないので、ツメを切るのと同じように、いたくないんですよ。とはいえ、たくさんの人が見ている前で、あのように追《お》いかけられ、つかまえられることは、やはり鹿《しか》にとっては大きなストレスです。ですから、ほとんどのオス鹿《じか》は、公園内で麻酔《ますい》を打《う》たれてねむっているあいだに、すばやく角《つの》を切り落《お》とされるんです。そのほうが、鹿《しか》にとっては負担《ふたん》が少ないですからね」

奈良《なら》公園にいる大人のオス鹿《じか》は、約《やく》二百六十頭です。「鹿《しか》の角《つの》きり」では、三日間で四十五頭の鹿《しか》の角《つの》を切るので、のこりのオス鹿《じか》は、二百十五頭あまりということになります。

そのため、この時期《じき》は職員《しょくいん》が総出《そうで》で、公園内にいるオス鹿《じか》の角《つの》を切る作業《さぎょう》に追《お》われます。一日平均《へいきん》十頭ほどで、二十日以上《いじょう》かかります。

それを聞いて、わたしは思わずいいいました。

「大変《たいへん》な作業《さぎょう》ですね」

「ええ、大変《たいへん》ではありますが、人と鹿《しか》が安全《あんぜん》にくらすための大切な仕事《しごと》なんですよ」

「鹿《しか》の角《つの》きり」は、江戸時代《えどじだい》の初期《しょき》に、鹿《しか》の角《つの》による事故《じこ》をふせぐために奈良《なら》奉行《ぶぎょう》の命《めい》によってはじまりました。三百五十年近い歴史《れきし》があります。古くから行われている伝統行事《でんとうぎょうじ》の中に、人と鹿《しか》が共生《きょうせい》する知恵《ちえ》が息《いき》づいていることがわかりました。


わたしは最後《さいご》に、こんなことも聞いてみました。

「勢子《せこ》をしているのは、どのような方たちなのですか?」

「勢子《せこ》はふだん、会社やお店ではたらいている方たちですよ。角《つの》きりが行われる三日間は、ボランティアとして参加《さんか》されています」

「ボランティアなら、わたしも、いまから勢子《せこ》になれるでしょうか?」

石川《いしかわ》さんは、わらいながら答えてくれました。

「そうですね。勢子《せこ》になるための試験《しけん》などはないのですが、危険《きけん》をともないますし、鹿《しか》をきずつけてはいけないので、経験《けいけん》が必要《ひつよう》です。十年やって、ようやく一人前といわれますから、そこまでつづける気持《きも》ちがあれば、ぜひ参加《さんか》してみてください」

「そんなにきびしいのですね。勢子《せこ》になってみたかったけれど、わたしには無《む》理《り》かなあ」

お礼《れい》をいって、わたしがその場を立ちさろうとした時です。

「中村《なかむら》さん！」

石川《いしかわ》さんが声をかけてくれました。

「鹿《しか》のことを知りたかったら、またいつでも愛護会《あいごかい》にきてくださいね」

さわやかな石川《いしかわ》さんの笑顔《えがお》に見送《みおく》られ、わたしは鹿苑《ろくえん》をあとにしました。

コラム《》 COLUMN 4

オス鹿《じか》の角《つの》の変化《へんか》

鹿《しか》の角《つの》きりの主役《しゅやく》は、オス鹿《じか》です。角《つの》はオス鹿《じか》にしかなく、毎年生《は》えかわります。

オス鹿《じか》は、生後1年で角《つの》が生《は》えてきます。

春から夏に角《つの》はぐんぐん成長《せいちょう》します。このころはうすい表皮《ひょうひ》におおわれて、角《つの》の先が丸くなっています。これは袋角《ふくろづの》といい、まだ角《つの》としてかたまっていません。

秋になると、角《つの》がさらに成長《せいちょう》し、かたくなります。角《つの》をおおっている表皮《ひょうひ》がはがれだすため、鹿《しか》は木などにこすりつけてきれいにしようとします。そうすると、角《つの》の先がするどくとがったものになります。

角《つの》は年齢《ねんれい》によって、形や大きさがかわってきます。

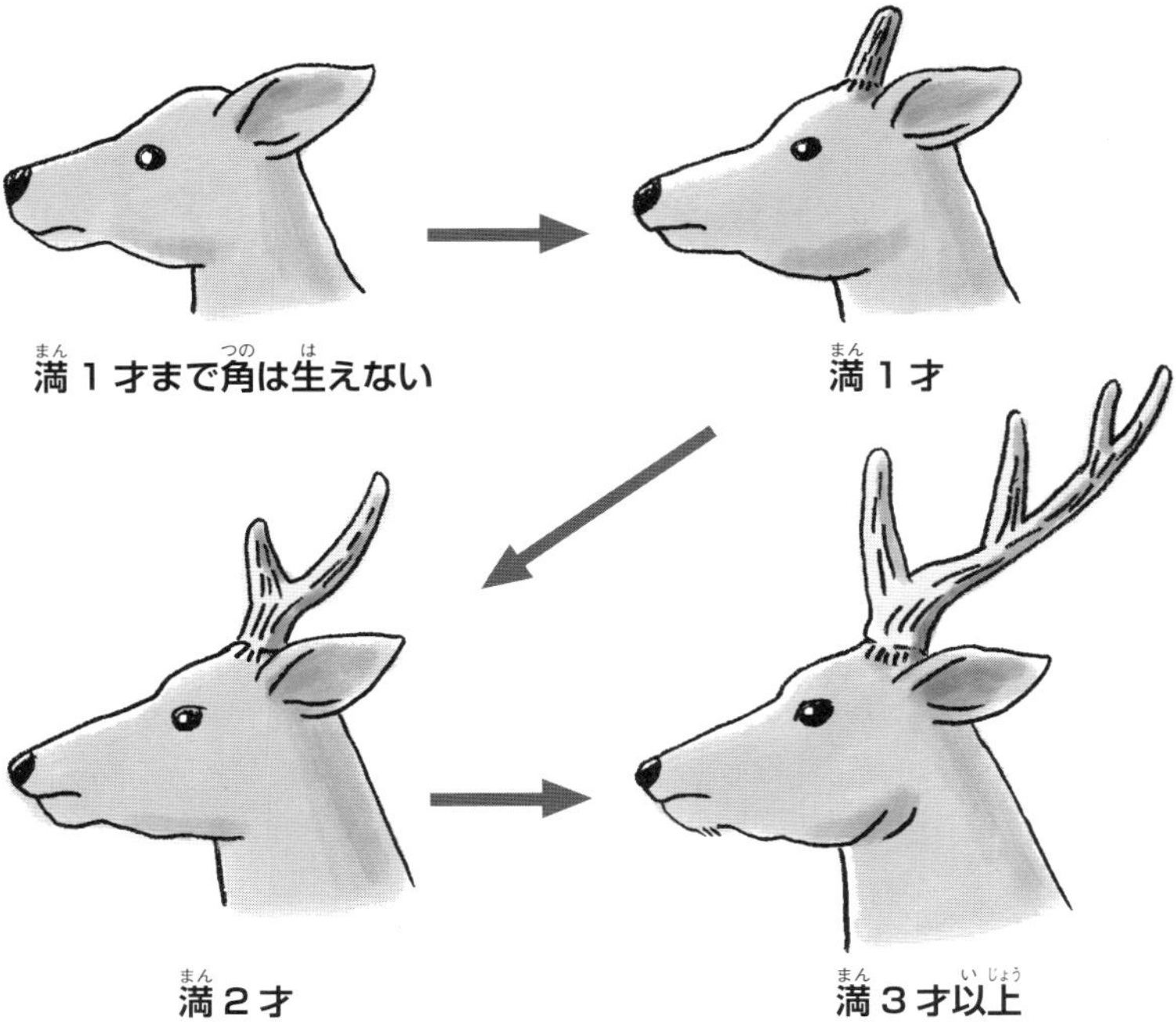

イラスト／すみもとななみ

第《だい》4章《しょう》 冬、鹿寄《しかよ》せ

❖明治時代《めいじじだい》からつづく行事《ぎょうじ》

秋がすぎ、盆地《ぼんち》である奈良《なら》にきびしい寒《さむ》さがおとずれたころ、愛護会《あいごかい》の石川《いしかわ》さんから連絡《れんらく》がありました。

「今度《こんど》の日曜日に、『鹿寄《しかよ》せ』があるんですが、よかったら見にきませんか」

わたしはうれしくて「はい、いきます！」と答えました。

鹿寄《しかよ》せにも長い歴史《れきし》があります。一八九二年（明治《めいじ》二十五年）、鹿園《ろくえん》（現在《げんざい》の鹿苑《ろくえん》にあたる施設《しせつ》）が完成《かんせい》した記念《きねん》に行われたのが最初《さいしょ》だそうです。鹿《しか》とふれあえるイベントとして、観光客《かんこうきゃく》に人気があります。

わたしは一度、鹿寄《しかよ》せを見にいったことがありましたが、ひさしぶりなのでとても楽しみでした。


日曜日の朝、ひえこんだ空気の中、春日大社参道《かすがたいしゃさんどう》の南がわにある、飛火野《とびひの》とよばれる広々とした芝生《しばふ》の広場につきました。

すでにたくさんの人が集《あつ》まっています。カメラをだして撮影《さつえい》のじゅんびをしている人もいます。

十時前になり、石川《いしかわ》さんがやってきました。もう一人、わかい職員《しょくいん》が大きな楽器《がっき》をかかえています。

「おはようございます。こちらは今日、鹿寄《しかよ》せを担当《たんとう》する宇津木《うつぎ》です」

石川《いしかわ》さんが紹介《しょうかい》してくれました。

「どうも、宇津木謙一《うつぎけんいち》です」

「中村《なかむら》です。よろしくおねがいします。その楽器《がっき》はホルンですね?」

「ナチュラルホルンといって、指《ゆび》でおすバルブがない、古いタイプのものになります。これをふくと、遠くから鹿《しか》たちが走って集《あつ》まってくるんですよ」

「楽しみです」

石川《いしかわ》さんと宇津木《うつぎ》さんがじゅんびをするあいだに、見学者《けんがくしゃ》がさらに集《あつ》まってきました。

近くにいた鹿《しか》は、すでに宇津木《うつぎ》さんをとりかこんでいます。

「おまえたち、気が早いなあ。もう少し待《ま》ってろよ」

宇津木《うつぎ》さんは、鹿《しか》の背中《せなか》をポンポンとたたきながらじゅんびをつづけます。

鹿寄《しかよ》せを見学する人たちが百人ほど集《あつ》まると、宇津木《うつぎ》さんがマイクで、鹿寄《しかよ》せの説明《せつめい》をはじめました。

「このホルンをふくと、あちらのほうから、鹿《しか》たちがやってきます。ちなみに、鹿《しか》の通り道を『鹿道《しかみち》』といいます」

宇津木《うつぎ》さんは、ピカピカにみがかれたホルンを、みんなによく見えるように持《も》ちあげました。

❖幻想的《げんそうてき》な光景《こうけい》に感動《かんどう》

「では、はじめます」

宇津木《うつぎ》さんは、ホルンをかかえ、大きく息《いき》をすいこみます。

ポォ～　ポォ～

ホルンの音が、広々とした飛火野《とびひの》や、奥《おく》の森にひびきます。

ポォ～　ポォ～

ホルンをふく宇津木謙一《うつぎけんいち》さん

見学者《けんがくしゃ》が、カメラやスマートフォンをかまえます。

「あ〜、きた、きた！　鹿《しか》がきたよ」

見学者《けんがくしゃ》の一人が指《ゆび》さしました。

遠くに見える木々のあいだから、鹿《しか》たちが一列《れつ》になって走ってきます。

あれが「鹿道《しかみち》」なのでしょう。

どんどん、どんどん、かけてきます。

ホルンの音に鹿《しか》が集《あつ》まってくる光景《こうけい》は、どこか幻想的《げんそうてき》で、見とれてしまいます。

「ほら見てー、動画《どうが》とったよー」

わかい女性《じょせい》たちが、うれしそうにスマートフォンを見せあっています。

お母さんにつれられた男の子が、手をたたいてよろこんでいます。

すがたをあらわしてからほんの数分で、鹿《しか》がわたしたちの前までやってきました。その数、百頭ほど。

鹿《しか》たちは、おとなしく宇津木《うつぎ》さんのほうを見つめています。

ホルンの音が森にひびきわたると、鹿《しか》たちがつぎつぎとすがたをあらわした

宇津木《うつぎ》さんは、ホルンをおろし、かごを肩《かた》にかけます。

鹿《しか》たちの目がきらっと光ったように見えました。

そのかごに入っていたのは、たくさんのドングリです！

「ほら、いくぞー」

宇津木《うつぎ》さんが、かごからドングリをまきます。

おとなしかった鹿《しか》たちは、われ先にとドングリを食べはじめます。体の小さい鹿《しか》は、大きな鹿《しか》におしのけられて、うまく食べることができません。

「ほらほら、おしあわないで、なかよく食べろ」

宇津木《うつぎ》さんは、集《あつ》まった鹿《しか》にうまくいきわたるようにドングリをまきます。

わたしは落《お》ちているドングリをひろって、鹿《しか》たちに見えるように手のひらにのせてみました。

すると、大きなオス鹿《じか》が近よってきて、じょうずにくわえて口の中に入れます。

鹿《しか》たちはドングリが大すき。宇津木《うつぎ》さんがドングリをまくと、夢中《むちゅう》で食べはじめる

ポリン、パリンとカラをわって、おいしそうに食べています。

鹿《しか》はふだん、鹿《しか》せんべいをもらうほかは人間からエサをもらうことはなく、公園に生《は》えている芝《しば》や木の芽《め》や実《み》、葉《は》などを食べています。中でもドングリは大好物《だいこうぶつ》です。

毎年、奈良《なら》公園の鹿《しか》のためにドングリを集《あつ》め、愛護会《あいごかい》に寄付《きふ》してくれる人もたくさんいるのだそうです。

鹿《しか》たちが一生懸命《いっしょうけんめい》にドングリを食べるかわいいすがたに、見学者《けんがくしゃ》たちも大満足《だいまんぞく》でした。

❖小さな異変《いへん》も見のがさない

見学者《けんがくしゃ》が解散《かいさん》したあと、わたしは宇津木《うつぎ》さんに声をかけました。

「今日の鹿寄《しかよ》せ、すばらしかったですね！」

「いやあ、じつは……鹿《しか》たちがなかなかこなくて、内心、あせっていたんですよ。お客《きゃく》さんが待《ま》ってるのに、早くこいよー、って感《かん》じでしたよ」

宇津木《うつぎ》さんは苦《にが》わらい。

「そうなんですか」

「十二月は、まだ森にドングリが豊富《ほうふ》にありますからね。腹《はら》いっぱい食べているから、ホルンが聞こえても、すぐにこようとしないんです」

その日の朝は風が強かったので、木からドングリがバラバラ落《お》ちてきて、鹿《しか》たちは苦労《くろう》せず森で好物《こうぶつ》にありつけたわけです。

「でもね、一月、二月になると、森に食べ物《もの》が少なくなっているので、ホルンをふくと、みんなすごいいきおいで走ってきますよ」

その時です。宇津木《うつぎ》さんの目が、一頭のオス鹿《じか》にとまりました。

真剣《しんけん》な表情《ひょうじょう》で、オス鹿《じか》に近よります。そしてゆっくりと首のうしろの毛をかき分けはじめました。

「どうしました？」

わたしは思わず身《み》を乗《の》りだしました。

「ちょっと気になって」

宇津木《うつぎ》さんはまだ注意深《ちゅういぶか》く毛をかき分けています。

「血《ち》がにじんでいるように見えたので」

「宇津木《うつぎ》さん、血《ち》ですか？」

「ここです。オス同士《どうし》でケンカをしたのかもしれません。でも、もう、なおりつつありますね。よし、大丈夫《だいじょうぶ》だぞ」

宇津木《うつぎ》さんは、オス鹿《じか》の背中《せなか》をトントンとたたきます。

さっきの心配《しんぱい》そうな表情《ひょうじょう》から、ホッとした顔にかわっていました。

「鹿《しか》は、いたいとかしんどいとか、言葉《ことば》にできませんからね。ちょっとしたことも気にかけてあげないと」

わたしだったら、まったく気づかないような鹿《しか》のケガだっただけに、おどろきでした。

まわりでは、百頭近くの鹿《しか》が、まだ夢中《むちゅう》でドングリを食べています。鹿《しか》は一見、みな同じように見えますが、体の大きさやとくちょう、性格《せいかく》、健《けん》康状態《こうじょうたい》など、一頭一頭、すべてちがいます。

宇津木《うつぎ》さんをはじめ愛護会《あいごかい》のみなさんは、その一頭一頭をしっかりと観察《かんさつ》しているのです。

国の天然記念物《てんねんきねんぶつ》であり、奈良《なら》の人にとってだけでなく、日本中、そして世界《せかい》中《じゅう》からくる観光客《かんこうきゃく》にとっても大切な鹿《しか》を守《まも》るために、つねに鹿《しか》に目をやり、観《かん》察《さつ》し、対応《たいおう》している愛護会《あいごかい》の方たち。その強い思いが感《かん》じられました。

道路《どうろ》をわたる鹿《しか》

コラム COLUMN 5

奈良《なら》公園の周辺《しゅうへん》の道路《どうろ》で目につくのは、「鹿《しか》の飛《と》び出し注意《ちゅうい》」の標識《ひょうしき》です。黄色でぬられた地色の上に、鹿《しか》がとびはねる絵が黒で描《か》いてあり、とても目立ちます。

これは、国や奈良県《ならけん》が交通標識《ひょうしき》として設置《せっち》しているものではなく、愛護会《あいごかい》が設置《せっち》しているもの。なぜなら、鹿《しか》が関係《かんけい》した交通事故《じこ》は、年間約《やく》 140 件《けん》も起《お》こっていて、2017 年は 91 頭もの鹿《しか》が死亡《しぼう》しているからです。

命《いのち》を落《お》とさなくとも、交通事故《じこ》でケガをする鹿《しか》はたくさんいます。

交通事故《じこ》は、1 日の中でもとくに夕方、飛火野《とびひの》前の道路《どうろ》で多く発生《はっせい》しています。毎日、ねぐらへ帰る鹿《しか》たちがそこを横切《よこぎ》るからです。

車をとめてそのようすを見守《みまも》るドライバーさんの、ほほえましいシーンも見ることができますが、交通事故《じこ》は年々ふえているそうです。

鹿《しか》はおどろかせると、道路《どうろ》にとびだしてしまうことがあるので、鹿《しか》とであった時はやさしく接《せっ》してあげてくださいね。

鹿《しか》が道路《どうろ》をわたり終《お》わるまで待《ま》ってくれる車も多い

第《だい》5章《しょう》
鹿《しか》のフンから教わる自然界《しぜんかい》のふしぎ

❖鹿《しか》のフンはどこへいく？

ところで、わたしが子どものころ、ふしぎに思っていたことがありました。

たくさんの鹿《しか》がいるのに、なぜ奈良《なら》公園は、鹿《しか》のフンだらけにならないのでしょうか？

地面《じめん》には鹿《しか》のフンが落《お》ちていますが、それほど多くはありません。

子どものころのわたしは、きっとだれかが、そうじをしてくれているのにちがいない、と思っていました。

しかし、大人になってあらためて調《しら》べてみると、おどろくべきことがわかりました。

たしかにそうじをしてくれる存在《そんざい》はいましたが、人ではなく、なんとコガネムシだったのです。

大阪産業大学人間環《おおさかさんぎょうだいがくにんげんかん》境学部《きょうがくぶ》で非常勤講師《ひじょうきんこうし》をつとめた谷幸三《たにこうぞう》さんによると、奈良《なら》公園には、

鹿《しか》のフンを食べるルリセンチコガネ

鹿《しか》のフンを食べるコガネムシが六十種《しゅ》ほどいるそうです。

コガネムシが鹿《しか》のフンを食べ、今度《こんど》はコガネムシのフンが芝《しば》の栄養《えいよう》となります。そして、その芝《しば》を鹿《しか》たちがせっせと食べて、またフンをします。公園内で絶妙《ぜつみょう》な自然《しぜん》のサイクルができているのです。

愛護会《あいごかい》の試算《しさん》によると、人の力で奈良《なら》公園にいる千三百頭もの鹿《しか》のフンをそうじしたり、芝《しば》を刈《か》ったりする必要《ひつよう》があるとしたら、一年で約《やく》百億《おく》円もかかるそうです。

コガネムシや鹿《しか》がいることで、人が作業《さぎょう》しなくても、あの美《うつく》しい公園がたもたれているのです。

また、鹿《しか》の頭数がふえすぎたり、へりすぎたりしないでいるのも、自然《しぜん》のバランスの中で生きているからです。鹿《しか》せんべいやドングリをもらう以外《いがい》は、自然《しぜん》の草や木などを食べているので、そのバランスがくずれることはないのです。

❖鹿苑《ろくえん》でも行われているフンの再利用《さいりよう》

愛護会《あいごかい》でも、鹿苑内《ろくえんない》の鹿《しか》たちのフンを再利用《さいりよう》していると聞いて、そのようすを見せてもらいました。

「毎日やっている仕事《しごと》ですが……地味《じみ》ですよ」

石川《いしかわ》さんと、まだ職員《しょくいん》になって三年目だという中川槙一郎《なかがわしんいちろう》さんにつれられて、鹿苑《ろくえん》の奥《おく》に入っていきました。

鹿苑《ろくえん》の中には、柵《さく》で仕切《しき》られた鹿《しか》の収容場所《しゅうようばしょ》が三つあり、それぞれに、オス鹿《じか》、メス鹿《じか》と子鹿《こじか》、重《おも》い病気《びょうき》やケガを負《お》っている鹿《しか》がいます。

まず、メス鹿《じか》と子鹿《こじか》がいるところに入りました。二十五メートルプールが二つすっぽり入るくらいの広さです。

メス鹿《じか》と子鹿《こじか》は、あわせて二百頭ほどいました。わたしのすがたを見ると、メス鹿《じか》たちは落《お》ち着《つ》かないようすです。

「メスは警戒心《けいかいしん》が強いですからね。いつも見ているわたしたち職員《しょくいん》と、中村《なかむら》さんの服装《ふくそう》がちがうということに、すぐ気がつくんですよ」

石川《いしかわ》さんは、わらいながらシャベルを手にとります。

石川《いしかわ》さんは、中川《なかがわ》さんといっしょにシャベルで鹿《しか》のフンを集《あつ》めて、運搬用《うんぱんよう》の一輪車《いちりんしゃ》に乗《の》せていきます。

「ここでは鹿《しか》のフンから、たい肥《ひ》※をつくっています」

フンを集《あつ》めてたい肥化《ひか》する「たい肥場《ひじょう》」は、鹿《しか》たちがいる場所《ばしょ》のとなりにありました。

たい肥場《ひじょう》は、発酵《はっこう》の段階《だんかい》に応《おう》じて、五つに仕切《しき》られています。中川《なかがわ》さんは一《いち》輪車《りんしゃ》で運《はこ》んできたフンを、一番左のフンの山におきました。人の背《せ》たけほどの高さがあります。

「まぜていきますね」

※ワラや草、ふん尿《にょう》などを微生物《びせいぶつ》によって分解《ぶんかい》してつくる肥料《ひりょう》のこと

ショベルカーを運転《うんてん》する中川槙一郎《なかがわしんいちろう》さん。写真奥《しゃしんおく》は石川《いしかわ》さん

発酵《はっこう》によって生じる熱《ねつ》で、フンとワラの山から湯気《ゆげ》がでている

中川《なかがわ》さんは小型《こがた》のショベルカーで、フンの山全体《やまぜんたい》をまぜあわせていきます。フンの山にはたくさんのワラがまぜてあり、ワラにいるバクテリアがフンの発酵《はっこう》をうながすのだそうです。

すでに発酵《はっこう》が進《すす》んでいるのか、まぜあわせるたびに湯気《ゆげ》がたちのぼります。そして発酵《はっこう》が進《すす》むと、半年ほどで、たい肥《ひ》が完成《かんせい》します。

「こうしてバクテリアの力をかりて、化学物質《かがくぶっしつ》をふくまないたい肥《ひ》をつくることができるんですよ」

中川《なかがわ》さんが、完成《かんせい》したたい肥《ひ》を手ですくって見せてくれました。においもなく、かわいた土のようにサラサラしていました。

このたい肥《ひ》は、年間約《やく》三十トンもできるそうです。それを「しかっぴ(鹿肥)」という名前で、安全《あんぜん》な肥料《ひりょう》として販売《はんばい》しています。近くにある「万葉植物園《まんようしょくぶつえん》」や農家《のうか》の方々には、無償《むしょう》で使《つか》ってもらっています。

「フンをすべて処分《しょぶん》しようとすれば、大変《たいへん》な費用《ひよう》がかかります。でも、こうして自分たちの手でたい肥《ひ》として生まれかわらせてやれば、お金がかからない上に、地域《ちいき》にも役立《やくだ》つんです」

「おお、中川《なかがわ》！　入所《にゅうしょ》三年目にしては、なかなかいいことをいえるようになったな」

石川《いしかわ》さんが茶化《ちゃか》すと、中川《なかがわ》さんははずかしそうにわらいました。

コラム COLUMN 6

鹿《しか》たちの知恵《ちえ》

奈良《なら》の鹿《しか》は、夏の暑《あつ》さに弱いわけではありませんが、近年の暑《あつ》さは、人間だけでなく鹿《しか》にもこたえます。緑《みどり》にかこまれた奈良《なら》公園でも、真夏《まなつ》には気温《きおん》が 30 度《ど》をこえる日がしばしばあるからです。

人間はエアコンのきいた部屋《へや》ですごせますが、鹿《しか》たちはそうはいきません。たえられないほどの暑《あつ》さになると、鹿《しか》たちは奈良《なら》公園近隣《きんりん》の道路《どうろ》の側溝《そっこう》に入ります（写真《しゃしん》右上）。

側溝《そっこう》はコンクリートや石でできているので、日かげではひんやりします。

さらに夕方になると、奈良国立博物館《ならこくりつはくぶつかん》の前に 100 頭もの鹿《しか》が集《あつ》まる、通称《つうしょう》「鹿《しか》だまり」が見られます。たくさんの鹿《しか》が地面《じめん》に腹《はら》ばいになって、すずんでいるのです。

どうやら、その場所《ばしょ》の地下には冷房《れいぼう》のきいた博物館《はくぶつかん》の地下回廊《かいろう》があり、そこにつながる通風口から風がふきだすため、すずしいようです。

鹿《しか》がいっぱい！　観光客《かんこうきゃく》が鹿《しか》だまりを見てびっくりすることも

第《だい》6章《しょう》

初夏《しょか》、子鹿《こじか》が生まれる！

❖見学者《けんがくしゃ》に大人気の子鹿《こじか》

春がすぎて、初夏《しょか》の風がさわやかにふくころ、奈良《なら》公園では新しい命《いのち》の誕生《たんじょう》の季節《きせつ》をむかえます。

毎年五月中旬《ちゅうじゅん》ごろから約《やく》二カ月にわたり、奈良《なら》公園の鹿《しか》がつぎつぎと赤ちゃんをうむのです。鹿苑《ろくえん》では毎年、かわいらしい子鹿《こじか》をゆっくり見学できるイベントが開催《かいさい》されます。それが「子鹿公開《こじかこうかい》」です。

開催期間《かいさいきかん》は、六月一日から三十日までの一カ月間。母鹿《ははじか》と子鹿《こじか》が秋に角《つの》きりが行われる会場ですごしており、見学者《けんがくしゃ》は観客席《かんきゃくせき》から、そのようすを見ることができます。

わたしもかわいい子鹿《こじか》を見ることを楽しみに、鹿苑《ろくえん》をおとずれました。

観客席《かんきゃくせき》から見おろすと、四十頭ほどの母鹿《ははじか》と子鹿《こじか》が、のんびりとすごしていました。

日ざしが強い時期《じき》なので、あちこちにパラソルを立てたり、コンクリートのU字溝《ユーじこう》をふせておいたりすることで、鹿《しか》たちが日ざしをよけられるようにしてあります。

「鹿《しか》の赤ちゃん、かわいいね～」

「見て見て、ママ。赤ちゃんがおっぱい飲《の》んでるよ～」

親子づれが子鹿《こじか》を指《ゆび》さしています。見学している人たちが、みんな笑顔《えがお》になっています。

わたしもかわいい子鹿《こじか》を前に、何枚《なんまい》も写真《しゃしん》をとりました。

パラソルの下で休む鹿《しか》の親子

たくさんの人が見にくる子鹿公開《こじかこうかい》

のんびりとすごす子鹿《こじか》たち。U字溝《ユーじこう》には、子鹿《こじか》と同じ白いもようが描《か》いてある

でも、一つ疑問《ぎもん》がわいてきました。

奈良《なら》公園という広くて緑《みどり》がいっぱいの場所《ばしょ》があるのだから、わざわざ鹿苑《ろくえん》に集《あつ》めたりせずに、自然《しぜん》の中で出産《しゅっさん》させてもいいのではないでしょうか。

ちょうど近くに、愛護会《あいごかい》の職員《しょくいん》がいたので、お話を聞いてみました。板倉誉《いたくらたか》明《ひろ》さんです。

「こんにちは。今日はすごい見学者《けんがくしゃ》の数ですね」

「はい。今日は土曜日なので、たくさんの方がきてくださっています」

「会期中《かいきちゅう》、何人くらいの人がきますか」

「そうですね。例年《れいねん》、一カ月の公開期《こうかいき》間《かん》に一万八千人くらいですね。ちょうど遠足や修学旅行《しゅうがくりょこう》の時期《じき》と重《かさ》なるの

板倉誉明《いたくらたかひろ》さん

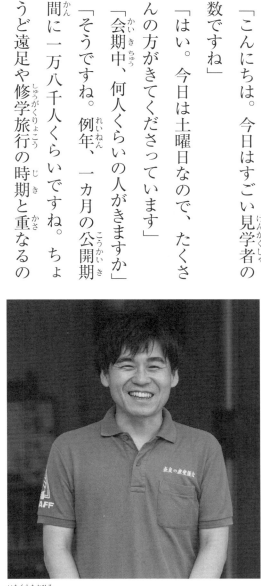

で、平日《へいじつ》は小学生や、中高生の団体《だんたい》でにぎわうこともあります」

「それはすごい人出ですね。ところで、野生動物《どうぶつ》である鹿《しか》を、なぜ自然《しぜん》の中ではなく、鹿苑《ろくえん》に集《あつ》めて出産《しゅっさん》させるのでしょうか？」

❖安心《あんしん》して出産《しゅっさん》できるように

板倉《いたくら》さんによると、愛護会《あいごかい》では三十五年ほど前から、妊娠《にんしん》した鹿《しか》を鹿苑《ろくえん》に収容《しゅうよう》して出産《しゅっさん》させるようになりました。毎年、約《やく》二百五十頭の鹿《しか》を、四月初旬《しょじゅん》ごろから鹿苑《ろくえん》に集《あつ》めるのだそうです。

その目的《もくてき》は、安心《あんしん》して赤ちゃんをうめるようにするため、そして人間との事故《じこ》をふせぐためなのです。

もし奈良《なら》公園内で子鹿《こじか》が生まれて、観光客《かんこうきゃく》が見つけたら、かわいさのあまりさわったり、なでたりしたくなることでしょう。でも、人間が子鹿《こじか》にさわると、人間のにおいが子鹿《こじか》についてしまい、母鹿《ははじか》が警戒《けいかい》して育《そだ》てなくなることがあるのです。

また母鹿《ははじか》は、赤ちゃんを守《まも》ろうと、近づいてくるものを追《お》いはらうため、うっかり人が近づくとつきたおされたり、けられたりする危険《きけん》もあります。

人間のお母さん同様《どうよう》、鹿《しか》のお母さんも、自分の子どもを守《まも》るために全神経《ぜんしんけい》を使《つか》うのです。

板倉《いたくら》さんはじめ、愛護会《あいごかい》の職員《しょくいん》は、鹿苑《ろくえん》に集《あつ》めた鹿《しか》すべてが無事《ぶじ》に出産《しゅっさん》を終《お》えるまで、注意深《ちゅういぶか》く観察《かんさつ》しているそうです。

出産《しゅっさん》にかかる時間は、数十分ほど。約《やく》三千グラムで生まれた赤ちゃんは、すぐに立ちあがり、お母さんのお乳《ちち》を飲《の》みはじめます。

「野生動物《どうぶつ》なので、出産《しゅっさん》を手伝《てつだ》うことはありません。でも、カラスがおそったりしないように注意《ちゅうい》しながら、出産《しゅっさん》を見守《みまも》ります」

運《うん》がいいと、子鹿公開《こじかこうかい》の最中《さいちゅう》にも出産《しゅっさん》シーンを見ることができるそうです。

子鹿《こじか》が生まれた！　見守《みまも》っているのは、お兄ちゃん？　お姉ちゃん？

お母さんになめてもらって、毛がかわいてきた子鹿《こじか》

子鹿《こじか》が立ちあがった！

お母さんのお乳《ちち》を飲《の》む子鹿《こじか》

「出産《しゅっさん》がはじまった時は、お客《きゃく》さんに知らせて、しずかに見守《みまも》っていただくようにおねがいしています。命《いのち》の誕生《たんじょう》に立ちあったみなさんは、本当に感動《かんどう》されていますよ」

そう話す板倉《いたくら》さんもうれしそうです。

「愛護会《あいごかい》の仕事《しごと》をしていると、悲《かな》しい場面《ばめん》にもよくであいます。ケガや病気《びょうき》の治療《ちりょう》のかいなく、鹿《しか》が死《し》んでしまうことだってあります。ですから、出産《しゅっさん》に立ちあえて、無事《ぶじ》に子鹿《こじか》が生まれた時がいちばんうれしいです。子鹿公開《こじかこうかい》をきっかけに、命《いのち》の誕生《たんじょう》について考え、命《いのち》の大切さを学んでいただければと思っています」

板倉《いたくら》さんの言葉《ことば》が、心にのこりました。

コラム《》COLUMN 7

鹿《しか》の天敵《てんてき》は？

自然界《しぜんかい》では、鹿《しか》はクマやオオカミなどにおそわれることがあります。奈良《なら》公園には、鹿《しか》を食べるような動物《どうぶつ》はいませんが、10 年ほど前までは、野犬に鹿《しか》がおそわれることがあったそうです。じっさい、2009 年の新聞に、野犬が鹿《しか》をおそい、ケガをさせたという記事《きじ》がのっていました。この数年は野犬による被害《ひがい》はないそうですが、だからといって、鹿《しか》たちは絶対《ぜったい》に安全《あんぜん》というわけではありません。

じつは、奈良《なら》公園の鹿《しか》の天敵《てんてき》は、カラスなのです。カラスはケガをして弱っている鹿《しか》をつついたり、生まれたばかりの子鹿《こじか》をおそったりすることもあるそうです。

その対策《たいさく》として、現在《げんざい》では、鹿苑内《ろくえんない》のケガをした鹿《しか》を収容《しゅうよう》する場所《ばしょ》は、カラスよけのネットでおおわれています。

カラスよけのネットと、集《あつ》まっているカラス

おわりに～これからもずっと～

奈良《なら》公園の鹿《しか》について、季節《きせつ》ごとのイベントやコラムなどを通して、みなさんに紹介《しょうかい》してきました。

奈良《なら》の鹿《しか》と、鹿《しか》を守《まも》っている人たちについて、はじめて知ったこともあったのではないでしょうか？

わたしがいちばんつたえたかったことは、鹿《しか》のために、日夜、懸命《けんめい》に活動《かつどう》している方々、つまり愛護会《あいごかい》のみなさんの存在《そんざい》です。

わたしが鹿苑《ろくえん》で見た、印象的《いんしょうてき》な光景《こうけい》があります。

数日雨がつづいていたため、地面《じめん》のあちこちがぬかるんでいました。職員《しょくいん》のみなさんは、病気《びょうき》やケガで弱っている鹿《しか》がぬかるみで足をとられないよう、かわいた土を入れこむ作業《さぎょう》をしていました。

小型《こがた》のトラクターで、ぬかるみに何度《なんど》も土を運《はこ》び入れていきます。

柵《さく》についているとびらから出入りするたびに、まず、まわりをしっかりと確《かく》認《にん》してから、毎回、かんぬき（とびらが開《ひら》かないようにするための横棒《よこぼう》）をかけていました。

わたしは、どうして出入りするたびにかんぬきをかけるのか、疑問《ぎもん》に思って聞いてみると、こう答えてくれたのです。

「鹿《しか》は動《うご》きの速《はや》い動物《どうぶつ》なので、いつとびだすかわかりません。わたしたちが気をつけてあげないと、思わぬ事故《じこ》につながります。毎日、何度《なんど》もくりかえす動《どう》作《さ》ほど、基本《きほん》に忠実《ちゅうじつ》でなければいけないんですよ」

わたしはとても感心《かんしん》しました。

トラクターで土を運《はこ》ぶ中川《なかがわ》さん

かんぬきがついているとびら。石川《いしかわ》さんは周囲《しゅうい》を注意深《ちゅういぶか》く見守《みまも》る

愛護会《あいごかい》には、毎日たくさんの通報《つうほう》が入ります。

・鹿《しか》が足を引きずって歩いているが、ケガをしているのではないか
・元気がないように見えるけど病気《びょうき》かも。すぐに見てあげてほしい
・地面《じめん》に落《お》ちたゴミを食べようとしているが、大丈夫《だいじょうぶ》か
・うちの畑《はたけ》に鹿《しか》が入ってきてこまっている

などなど。

「目撃《もくげき》された場所《ばしょ》や、鹿《しか》のようすから、あの子のことだなと推測《すいそく》できたり、大きな異常《いじょう》はないだろうと考えられたりするケースが多いです。でも、通報《つうほう》があれば、かならず、現場《げんば》に向《む》かいます」

石川《いしかわ》さんはきっぱりといいきります。

職員《しょくいん》は、「多分」「きっと」「まあ、大丈夫《だいじょうぶ》だろう」という思いこみの判断《はんだん》は

絶対《ぜったい》にしないのです。どんなにいそがしくても、通報《つうほう》があれば、かならずその場所《ばしょ》にいって確認《かくにん》するのです。

鹿《しか》の異変《いへん》やトラブルは、職員《しょくいん》の事情《じじょう》とは関係《かんけい》なく起《お》こります。土曜、日曜も起《お》こります。暑《あつ》い日も寒《さむ》い日も、台風のような悪天候《あくてんこう》の時も起《お》こります。愛護《あいご》会《かい》の職員《しょくいん》は、十一人という少ない人数にもかかわらず、交替《こうたい》で二十四時間、年中無休《むきゅう》で鹿《しか》のために出動《しゅつどう》するのです。

石川《いしかわ》さんの場合《ばあい》、一日に十回も出動《しゅつどう》した日があったそうです。

「いやになったりしませんか？」

わたしは率直《そっちょく》に聞いてみました。

「大変《たいへん》ではありますが、長い歴史《れきし》の中で、人とともに生きつづけてきた鹿《しか》を守《まも》ることが、われわれの仕事《しごと》ですからね」

こともなげにいう石川《いしかわ》さんの表情《ひょうじょう》に、たのもしさを感《かん》じたのでした。

そんな地道な愛護会《あいごかい》の活動《かつどう》を、観光客《かんこうきゃく》はもちろん、奈良《なら》に住《す》んでいる人でも目にすることは少ないかもしれません。愛護会《あいごかい》のみなさんは、まさに縁《えん》の下の力持《ちからも》ち、鹿《しか》を守《まも》るヒーローです。

奈良《なら》の鹿《しか》は野生であるため、人間とのあいだには、さまざまな問題《もんだい》が起《お》こります。交通事故《じこ》、農作物《のうさくぶつ》への食害《しょくがい》、観光客《かんこうきゃく》とのトラブルなど、数えるときりがないほどです。

そのような問題《もんだい》に頭をなやまされることがありますが、職員《しょくいん》のみなさんは、人と鹿《しか》との共生《きょうせい》を目指《めざ》して元気に仕事《しごと》にとり組んでいます。

取材《しゅざい》の最後《さいご》に、「ご自身《じしん》のお仕事《しごと》を通して、読者《どくしゃ》にどんなことをつたえたいですか？」と聞いてみました。

すると、いくつも、同じ答えがかえってきました。

「鹿《しか》のことをもっと知ってほしいです」

「鹿《しか》について正しい知識《ちしき》を持《も》ってほしいとねがっています」

奈良《なら》の鹿《しか》の歴史《れきし》や、野生動物《どうぶつ》である鹿《しか》の生活や習性《しゅうせい》を知れば、トラブルをふせぐことができます。

正しい知識《ちしき》を持《も》ち、もっともっと鹿《しか》とのふれあいを楽しんでほしい。そうねがっているのです。

今日もまた、奈良《なら》公園に多くの観光客《かんこうきゃく》がおとずれています。

鹿《しか》たちといっしょに写真《しゃしん》をとっている人を見かけると、わたしもうれしくなります。

そうした楽しい時間をささえて

著者《ちょしゃ》と奈良《なら》公園の鹿《しか》

いる人たちがいること、縁《えん》の下の力持《ちからも》ちである愛護会《あいごかい》のみなさんのことを、さらに多くの人に知ってほしい——それが、わたしのねがいです。

最後《さいご》に、おいそがしい中、取材《しゅざい》に応《おう》じてくださった奈良《なら》の鹿愛護会《しかあいごかい》のみなさま、すてきな写真《しゃしん》を撮影《さつえい》してくださった写真家《しゃしんか》の川上悠介《かわかみゆうすけ》さんに、心よりお礼《れい》を申《もう》しあげます。

中村《なかむら》　文人《もんど》

奈良《なら》の鹿《しか》となかよくなるための七つの約束《やくそく》

その一　奈良《なら》の鹿《しか》が野生動物《どうぶつ》であることをわすれてはいけません
ペットのように人間のいうことを聞かせたり、だっこしたりはできません

その二　鹿《しか》に乗《の》ろうとしたり、角《つの》を引っぱったりしてはいけません
ふだんはおとなしい鹿《しか》も、おこると角《つの》でついたり、足でけったりします

その三　人間の食べ物《もの》をあげてはいけません
鹿《しか》の主《おも》な食べ物《もの》は、芝《しば》、木《こ》の葉《は》、ドングリです。人間の食べ物《もの》を食べると消《しょう》化《か》不《ふ》良《りょう》を起《お》こします。おやつやスナック

菓子《がし》、パンなどを持《も》っていると近よってきますが、あげないでください。地図やパンフレットなどの紙類《かみるい》も食べられないよう注意《ちゅうい》が必要《ひつよう》です

その四　鹿《しか》せんべいは早めにあげましょう

鹿《しか》せんべいを手に持《も》っていると、鹿《しか》がどんどんよってきます。じらさずに、早めにあげましょう。なくなったら手のひらを見せて、持《も》っていないことを見せましょう

その五　おどろかせてはいけません

鹿《しか》はおくびょうな動物《どうぶつ》なので、急《きゅう》に大きな声をだしたり、追《お》いかけたりしないでください。びっくりして道路《どうろ》にとびだし、車にぶつかることがあります

その六

春は子育《こそだ》てシーズンなので、母鹿《ははじか》に注意《ちゅうい》

母鹿《ははじか》は子鹿《こじか》を守《まも》るために気が立っています。子鹿《こじか》はかわいいですが、近づいてはいけません

その七

秋は繁殖《はんしょく》シーズンなので、オス鹿《じか》に注意《ちゅうい》

気に入ったメス鹿《じか》をとられたくないので、オス鹿《じか》は気が立っています。メス鹿《じか》のそばにいるオス鹿《じか》に近よらないように。この時期《じき》のオス鹿《じか》は、角《つの》がとがっていて危険《きけん》です

インフォメーション

奈良の鹿愛護会

〒630-8212　奈良県奈良市春日野町160-1

【電話での問い合わせ窓口】

0742-22-2388（受付時間　8：30〜17：15）

ホームページ　https://naradeer.com/

奈良の鹿愛護会ブログ　http://naradeer.com/blog/

取材協力

一般財団法人　奈良の鹿愛護会

参考文献

『奈良の鹿　「鹿の国」の初めての本』
（奈良の鹿愛護会・監修／京阪奈情報教育出版）
『奈良発　オレたちシカをなめるなよ！』
（有本隆・著／真珠書院）

写真撮影・提供

川上悠介　表紙、裏表紙、カバー袖、口絵Ｐ１～Ｐ３、口絵Ｐ４下、とびら、Ｐ6、Ｐ16、Ｐ29、Ｐ36、Ｐ39、Ｐ41、Ｐ43、Ｐ47、Ｐ55、Ｐ57、Ｐ59、Ｐ70、Ｐ73、Ｐ76、Ｐ77、Ｐ80、Ｐ81、Ｐ83、Ｐ86
春日大社　口絵Ｐ４上
中村文人　P33、Ｐ38
谷　幸三　Ｐ66
佼成出版社　Ｐ10、Ｐ12、Ｐ20、Ｐ25、Ｐ27、Ｐ64、Ｐ90

※この本の情報は、2018年９月までに調べたものです。

中村 文人（なかむら もんど）

三重県で生まれ、奈良県で育つ。関西学院大学文学部卒業。経済系出版社勤務を経て、編集企画シーエーティーを設立。ジャンルにとらわれない書籍企画編集に携わりながら、絵本や児童書の創作を続けている。主な作品に『みんなだいじななかま』（金の星社）、『ぶんきょうほけんじょのえほん せわになろうかな』（文京保健所）、『おいらはケネルキャット サスケ』『トイプードル警察犬 カリンとフーガ』『コロッケ先生の 情熱！古紙リサイクル授業』（以上、佼成出版社）、『ぼくはもうどうけんマーク』（教育画劇）などがある。日本児童文芸家協会会員。「絵本・童話の創作 online　新作の嵐」主宰。奈良の鹿愛護会会員。

「絵本・童話の創作 online　新作の嵐」 https://shinsakunoarashi.com/

川上 悠介（かわかみ ゆうすけ）

奈良県出身。奈良の鹿や風景をはじめ、身近に見られる昆虫や野草、キノコなどを撮り続けている。第 35 回「日本の自然」写真コンテスト（2018 年）にて「奈良県一賞」を受賞。

「川上悠介ホームページ　風景の音色～古都奈良の調べ～」 http://yusukekawakami.wixsite.com/nalandscape

はじめてのノンフィクションシリーズ

奈良　鹿ものがたり

2018年12月10日　第1刷発行

著　　者●中村文人
写　　真●川上悠介
発 行 者●水野博文
発 行 所●株式会社 佼成出版社
〒166-8535　東京都杉並区和田 2-7-1
電　話　03(5385)2323(販売)　03(5385)2324(編集)
http://www.kosei-shuppan.co.jp/
ブックデザイン●芝山雅彦（スパイス）
印 刷 所●株式会社 精興社
製 本 所●株式会社 若林製本工場

ISBN978-4-333-02790-3　C8336　NDC916/96P/22cm